Ein herzliches

Dankeschön

*meiner Schwester Christa,
die mir mit viel Geduld und Liebe
bei der Fertigstellung
und Gestaltung
dieses Buches geholfen hat.*

Marianne Weid

Was ich noch sagen wollte .....

Ernstes und Heiteres

im Wechselspiel des Lebens

Gedichte / Band 4

2012

Bibliografische Information der Deutschen Nationalbibliothek
Die Deutsche Nationalbibliothek
verzeichnet diese Publikation in der
Deutschen Nationalbibliografie;
detaillierte bibliografische Daten sind im
Internet über www. dnb.de abrufbar.

© by Marianne Weid 2012

Herstellung und Verlag:
BoD – Books on Demand, Norderstedt

Umschlagfoto: Erich Weid
Buchenkeimling

Text und Gestaltung:
Marianne Weid

Illustration nach:
Ludwig Richter
Wilhelm Busch
Carl Larsson

ISBN 9783848225989

Inhalt

Kapitel 1 Jahresreigen

Neuanfang	*9*
Am Weiher	*10*
Herbstimpressionen	*12*
Margeriten – Sonnenstern	*14*
Sonnenstrahlen	*15*
Tanz am See	*16*
Es weihnachtet sehr	*17*
Sagt die frohe Botschaft	*18*

Kapitel 2 Mit Humor geht alles besser

Ansichtssache	*21*
Maulwurf – kleiner schwarzer Strolch	*22*
Verschnupft	*24*
Der Alleswisser	*25*
Parksünder – Erklärungsversuch	*26*
Die gute Vorratsdose	*27*
Eine ungeduldige Köchin	*28*
Nachbarschaftsessen	*29*
Taktlos	*30*
Der gebrochene Daumen	*31*
Verloren – Gefunden	*32*
Der Bube und das Eis	*34*
Lernprozess	*36*
Mariechens warme Söckchen	*38*

Inhalt

Kapitel 3 Von Mensch – zu Mensch

Die beste Freundin	*41*
Ein fröhliches Gemüt	*42*
Meiner lieben Enkelin Anne	*43*
Die liebe Jette	*45*
Zum Abschied	*46*
Abschied von einer Kollegin	*47*
Die sechziger Jahre	*48*
Einer Freundin zum 50. Geburtstag	*49*
An die „Vierteljahrhunderjährige"	*50*
Zum Geburtstag – Sonne	*51*
Zum Geburtstag – Regen	*52*
Zum Geburtstag – Frost	*53*
Ein neuer Mensch	*54*
Kindermund	*55*
Ja, aber, sowohl – als auch	*56*

Kapitel 4 Lebens – Erfahrungen

Lebenssinn	*59*
Was betrübst du dich meine Seele	*60*
Wissensmüde	*61*
Augenblicke	*62*
Gedanken wenn man älter wird	*63*
Alkohol: Freund – Feind?	*64*
Der Mann mit dem Schifferklavier	*66*
Klima	*67*
Rückblick	*69*

Kapitel 1

Jahresreigen

Neuanfang

*Mancher sagt sich ganz spontan:
„Ich fang ein neues Leben an."*

*Schwierig wird es dann und wann,
wenn man es nicht mehr ändern kann.*

*Doch ab und zu klappt es ganz gut,
drum fangt es an!*

Nur Mut – nur Mut!

Am Weiher

Anmutig tanzen Sonnenstrahlen,
tauchen glitzernd in die Flut;
hier erholt sich unsre Seele,
Stressgeplagten geht es gut.

Blesshühnchen ziehen langsam
auf dem blanken See die Bahn;
Kinder werfen kleine Steinchen,
ein Angler legt die Rute an.

Ab und zu schnellt aus der Tiefe
hoch empor ein muntrer Fisch,
lässt sich taumelnd wieder fallen,
Schuppen glänzen hell im Licht.

Moose machen weich die Schritte;
kleine Wellen zierlich kraus,
streben aus des Weihers Mitte
uferwärts und ruhen aus.

Abendschein im Wasser spiegelt,
vorbei des Tages schöner Traum;
geheimnisvoll erwacht nun Leben
in Schilf und Rohr, im Pappelsaum.

Leise rauscht es in den Bäumen
sacht bewegt vom Abendhauch;
im Dämmerlicht lässt es sich träumen;
noch wispert es in jedem Strauch.

*Der Herbst lässt bunte Blätter fallen
auf des Wasserspiegels Rand;
vom Wind geführt sie langsam gleiten
im Wellengang fernab vom Land.*

*Wenn der Frost den See versiegelt,
im Raureif Baum und Busch erstarrt,
ist auf dem Weiher heitres Leben;
Schlittschuhlaufen, Schlittenfahrt.*

*So schließt des Jahres bunter Reigen,
und immer war's am Weiher schön;
auf einmal ist es wieder Frühling,
mit allem gibt's ein Wiedersehn!*

Herbst – Impressionen

*Der Herbst schwingt im Dreivierteltakt.
Erntewagen sind bepackt
mit des Feldes prallen Garben.
Die Bäume sind nun reich und schwer
an Früchten und an Farben.*

*Am Hang erröten süße Trauben;
bunt umrankt die alten Lauben.
Jäger streifen durch den Wald;
fernab im Forst ein Schuss verhallt.
Drachen in den Himmel steigen,
fröhlich tanzt man Erntereigen.*

*Der Wind bläst Wolkenberge fort,
er rüttelt an den Bäumen,
und manche Menschen denken sich,
sie könnten was versäumen.
Aus des Herbstes reicher Fülle,
fürchten sie sich vor der Stille.*

So fährt der Herbstwind durch das Land,
streift Menschenherzen kurzerhand,
die fangen an zu träumen.
Sie träumen einen schönen Traum
und sehen einen stolzen Baum
im schönsten Frühlings-Blüten-Schaum.

Margeriten – Sonnensterne

*Margerite, große Schwester
von dem kleinen weißen Stern.*

*Gänseblümchen duckt sich nieder –
Margeriten pflückt man gern;
bindet sacht die Sonnensterne
zu einem schönen hellen Strauß,
um zu schmücken Heim und Haus*

*Mit ihrem weißbekränzten Köpfchen
ist sie wie eine junge Braut,
die glücklich aus den Augen schaut.*

Sonnenstrahlen

*Du lieber goldner Sonnenstrahl
dringst in jede kleine Ritze,
schmeichelst dich in Herzen ein,
nimmst dem Kummer seine Spitze.*

*Senkst in nasse trübe Augen
deinen himmelsklaren Blick;
mancher ist wie neugeboren,
fügt leichter sich in sein Geschick.*

*Am Abend hüllen deine Strahlen
samten warm die Erde ein,
alles schläft des Nachts entgegen
dem hellen Morgensonnenschein.*

Tanz am See

*Einelf tanzt im rieselnden Schnee,
im Herzen rührt sich ein leises Weh.*

Still ruht der See. –

*„Wo sind meine Gespielen?
Ich bin einsam im Schnee."*

Da rührt sich der See. –

*Anmutig entsteigen der glitzernden Flut,
Elfelf und Zwölfelf;* –
da legt sich sein Weh.*

*Sie schweben und tanzen zu drittelf am See;
haschen nach Flocken
aus kristallenem Schnee.*

Still ruht der See.

* Nach Christian Morgenstern

Es weihnachtet sehr

*Man weiß nicht wie man's sagen soll,
die Herzen sind mit Freude voll.
Sonst kostete ein Lächeln viel,
in dieser Zeit prägt es den Stil.*

*Glühwein färbt die Bäckchen rot,
man denkt an andere in Not;
kauft auch Geschenke ein in Massen,
hat das vernünft'ge Maß verlassen.*

*Die Liebe ist ja mit im Spiel,
sich zu verschenken ist ihr Ziel.
Selbst wehe Herzen
führt sie zur Krippe im Stall
und lässt sie mitsingen
mit fröhlichem Schall:*

*„O du fröhliche, O du selige,
gnadenbringende Weihnachtszeit!"*

Die Liebe des Kindes macht zur Liebe bereit.

Sagt die frohe Botschaft!

*Sagt die frohe Botschaft,
rühmt sie nah und fern,
denn der Herr ist freundlich,
begegnet jedem gern.*

*Ruft die guten Worte
über Land und Meer,
denn an vielen Orten
warten Menschen sehr.*

*Sie haben so ein Ahnen
dass da Einer ist,
der ihrem Leben Sinn gibt,
im Sterben nahe ist.*

*Man muss es ihnen sagen,
der Mann heißt Jesus Christ;
der ihren Hunger stillet**
mit Brot, das ewig ist.

*Es wird sie nicht mehr dürsten
weil ER die Quelle ist.
Aus Glauben wird einst Schauen.
Gelobt sei Jesus Christ!*

**Johannes 6,V.35*

Also hat Gott die Welt geliebt

Kapitel 2

Mit Humor

geht alles besser

Ansichtssache

*Läuft über die Leber
dir eine Laus –
mach dir nichts draus!*

*In dem Fall wär's schlimmer,
dort lief' eine Maus.*

*Die Laus sucht nach Futter,
läuft schnell wieder weg;*

*das Blut der Leber,
entspricht nicht ihrem Zweck.*

*Eine Maus naschte sicher
noch von deinem Speck!*

Maulwurf – kleiner schwarzer Strolch

*Es fing zunächst ganz harmlos an:
Ein kleiner Hügel ziert den Rasen.
Doch heimlich gräbt sich unterm Wasen
ein kleiner schwarzer Wicht voran.*

*Er stößt mit seiner starken Nase
den Aushub oben auf den Rasen.
Bald treibt er es im Übermaß
und macht mir damit keinen Spaß.*

*Man sagt, er sei ein nützlich Tier.
Ich meine es ist eine Qual,
denn dieser Strolch verwandelt mir
den schönen Rasen allemal
in Hügel, Haufen, Berg und Tal!*

*Nun greif ich zu diversem Mittel
und mach es schwer dem samtnen Kittel.
Mit Maulwurfschreck will ich es wagen,
jetzt diesen kleinen Strolch zu plagen.
Die Gänge werden präpariert,
was zur großen Panik führt.*

*Ein fieser Duft durchdringt den Wasen,
steigt penetrant in seine Nase.
Den Maulwurf überfällt die Krise -
es ist für ihn der Super-GAU!
„Nichts wie ab", ist die Devise.*

Doch dann denkt er überschlau:
„Ich verlasse nicht den Bau.
Belüften werd ich meine Gänge,
stoß Löcher schnell in jeden Wall,
und Frischluft strömt nach überall."

Ich meinerseits steh vor den Hügeln,
versuch sie wieder glatt zu bügeln;
verwandele den Buckelwasen
in einen gut gepflegten Rasen.

Da trau ich meinen Augen kaum,
es ist fürwahr nicht nur ein Traum:
Der Rasen ist nun perforiert,
was wiederum zum Frust mich führt.

Resigniert kratz ich mich hinterm Ohr –
er geht als Sieger klar hervor;
lass Maulwurf und den Rasen sein,
leg die Beine hoch und pflege mein!

Verschnupft

*Ein Schnupfen plagt den Elefant,
sein Rüssel voll, bis an den Rand;
der Niesreiz bleibt nun gar nicht aus,
besudelt ist die kleine Maus,
der eben er den Ball zukickte
und sie ins Bein ihn neckisch zwickte.*

*Schon wieder fängt er an zu niesen,
dabei jetzt auch noch Tränen fließen.
Die Maus, die ihn bisher verehrte,
sich momentan doch arg beschwerte,
macht sich nun schleunigst aus dem Staub
und geht in Deckung - mit Verlaub!*

*Dem Elefanten wird's nun peinlich,
schnäuzt sich den Rüssel frei und reinlich.
Da schlüpft die Maus aus dem Versteck,
spielt ihm den Ball zu, übers Eck.*

*Die Ballade ist nun aus -
zufrieden sind Elefant und Maus!*

Der Alleswisser

*Dieses Ding ist ja ein Graus –
niemals kommt es in mein Haus!
Doch meine Freundin, die Gescheite,
zog mich schnell auf ihre Seite.
Sie zeigte mir dann frank und frei,
wie nützlich ein Computer sei.*

*So kam er doch noch in mein Haus,
und langsam kenne ich mich aus.
Natürlich nicht in allen Stücken,
er lässt nicht schnell
in sein Herz hineinblicken;
ist schnell beleidigt,
zickt ständig herum,
ich bin dann genervt
und fühle mich dumm.*

*Inzwischen gibt er sein Wissen mir preis,
mich wundert's, dass er
über alles was weiß.*

Parksünder - Erklärungsversuch

*Ich wollte das Parken so gestalten,
um eine Ausfahrt freizuhalten.*

*Ein großes Schild belehrte mich streng:
„Parken verboten!" –
sonst wird es zu eng.*

*So übersah ich eine Einfahrt
und erregte genau,
den berechtigten Zorn
von des Hausherren Frau.*

*Es war mir sehr peinlich –
ich entschuldigte mich,
doch umso mehr erzürnte sie sich.*

*Ich schenkte ihr ein Buch
für erlittenen Schmerz
und wünschte, es erfreut ihr gekränktes Herz.*

*Inzwischen habe ich die Hoffnung gehegt,
dass Ihr Zorn sich beruhigt
und wieder gelegt.*

Die gute Vorratsdose
- Mit Münzen ein originelles Geschenk -

Vorratsdosen haben es in sich,
sie bieten vielen Dingen Platz;
dem Mehl, dem Zucker und der Butter
zum Kuchen backen
für den Schatz.

Die Kaffeedose muss nobel und fein
und etwas größer als andere sein;
dann passt ein Pfündchen
in die Gute hinein.

Noch einige wären aufzuzählen,
doch eine hat den größten Wert,
weil sie gefüllt mit guten Wünschen
und was der Mensch sonst noch begehrt.

Dazu bestückt
mit klingenden Münzen,
die jedermann zum Leben braucht,
dass, wenn einmal karg die Zeiten,
der Schornstein
auf dem Dach noch raucht.

Eine ungeduldige Köchin

*Wenn sie eine Zwiebel schneidet
verliert sie oftmals ihre Ruh
und schimpft und jammert immerzu.
Benutzt ihre Zunge unflätigerweise
und hängt sie heraus,
sagt öfters mal „Schei....."!*

*Damit ihr beim Zwiebelschneiden
nicht das Messer ausrutscht
und ihre Zunge womöglich
dazwischenflutscht,
benutzt sie in Zukunft
einen Zwiebelschneider;*

*bleibt nunmehr gesund,
gelassen und heiter,
verdrückt keine Träne
wenn sie dabei an mich denkt;
darum habe ich ihr
den Zwiebelschneider geschenkt.*

Nachbarschaftsessen

*Es kam der alten Nachbarin
mit einem Mal was in den Sinn:
„Mit dem, was ich heut zubereite
mach ich den Nachbarn eine Freude.
Ich koche heute gute Klöße
mit Speck und mit Vanillesoße."*

*Herzlich lade ich sie ein,
da sagt die Frau von vornherein:
„Das isst mein Mann nicht, wirklich – nein!*

*Für ihn ist dieses kein Genuss,
es bringt ihm nachher nur Verdruss.
Dem empfindlichen Gekröse,
schadet es mit viel Getöse."*

*Sie freut sich trotzdem unterdessen,
auch ohne Mann auf dieses Essen!*

Taktlos

Manchmal ist es sehr vertrackt,
ein Herz gerät aus seinem Takt.
Der eigne Rhythmus wird ihm fremd,
es klopft ganz wild unter dem Hemd.

Der Arzt versucht es abzublocken,
dass endlich Schluss ist mit dem „Rocken".
Im Glücksfall schlägt es dann im Takt;
wenn nicht, so ist auch dieses Fakt:

Dem Blutdruck fehlt es an Gefühl,
er hetzt mit hohem Druck zum Ziel.
Den Vorhof plagt ein Flimmern arg,
dem armen Mensch droht jetzt ein Schlag!

Doch oft mit seiner großen Kunst
gewinnt der Arzt des Herzens Gunst.
Dann schlägt es brav unter dem Hemd,
sein Rhythmus ist ihm nicht mehr fremd.

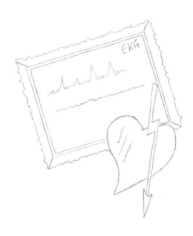

Der gebrochene Daumen

*Ich hörte schon vor ein paar Tagen,
dass Konrad große Schmerzen plagen.*

*Den Daumen hat es voll erwischt;
er ist gebrochen
und schmerzt wie die Gicht.*

*Mama und Papa haben mit Konrad gestöhnt;
nun wird er gehätschelt,
getätschelt, verwöhnt.*

*Der Bruder dagegen nimmt es ganz cool,
es reißt ihn nicht wirklich
von Hocker und Stuhl.*
- Bruderliebe hat eigene Maßstäbe -

*Oma und Opa geht's an die Substanz:
„Wie ist es passiert,
du lieber kleiner Panz?"*

*Wie es auch sei –
Lieber Konrad, habe Mut,
mit der Zeit weicht der Schmerz,
und der Daumen wird gut!"*

Verloren – Gefunden

Im Krankenhaus, so gegen sieben,
vielleicht war es auch schon halb acht,
kam ein Pfleger, grimmig blickend,
als wäre es noch finstre Nacht,
ohne Gruß und ohne Lächeln
in mein Zimmer an mein Bett;
das fand ich meinerseits nicht nett.

Ich lächelte ihn an und fragte naiv:
„Was führt Sie zu mir, junger Mann?"
„Blut abnehmen",
knurrte er mürrisch mich an.
Trotzdem strahlte ich ihm tapfer entgegen,
und machte ihn damit
doch etwas verlegen.

Nun hörten verwundert seine Ohren:
„Lieber junger Mann,
wo ging Ihr Lächeln verloren?
Suchen Sie fleißig,
und wenn's wiedergefunden
wird es Ihr Gesicht
noch schöner umrunden."

Er schaute mich an und grinste verbunden;
sein Lächeln hatte er wiedergefunden.

*Als ich dann später die Klinik verließ,
kam er mir entgegen,
drückte fest meine Hand –
ein glücklicher Mensch,
der sein Lächeln wiederfand!*

Der Bube und das Eis

„Das Eis vorm Haus, das muss jetzt weg!",
so denkt ein Bube stark und keck.
Er hackt darauf wohl hin und her,
das Eis jedoch, es wehrt sich sehr.

Mit seinen Füßen stampft er auf;
warum kam er nicht früher drauf?
Ein Presslufthammer lässt ihn hoffen,
in Kürze sei der Vorplatz offen.

Gedacht, getan, mit viel Elan
der Bube wirft den Hammer an.
Er ist sich seiner Macht bewusst,
doch endet es für ihn mit Frust.

Das Eis spielt nun mit List und Tücke,
zerspringt vor lauter Wut in Stücke,
fliegt wütend ihm um beide Ohren
und hat den Mund sich auserkoren.

Gezielt lenkt es nun seine Spitzen,
um seinen Mund frech aufzuschlitzen.
Nun spürt der Bube mit Verdrießen
an seinen Lippen Blutvergießen.

*Die Wut steigt hoch, der Mut ihm sinkt,
die Arbeit ihm nun wirklich stinkt.
Da lässt er alles stehn und liegen,
macht sich's im warmen Haus gediegen.*

Lernprozess

„Für heute ist der Tag gelaufen,
ich gehe mir mal einen saufen;
zwei Liter von der kühlen Brühe
erfrischt mich nach des Tages Mühe",
brummt der Bär sich in sein Fell
und trottet zu der Wasserstell.

Der Uhu namens „Ibrahim"
saß währenddessen über ihm
auf einem Ast im alten Baum
um sein Revier sich anzuschaun.
Er macht nun seinem Ärger Luft
und ruft ihm nach:

„Du fauler Schuft,
du ordinärer Zottelbär,
wo hast du dein Benehmen her?
Es heißt nicht saufen, sondern trinken;
deine ganze Lebensart
wird mir immer wieder stinken.

Außerdem, für mich geht's los,
mein Arbeitsfeld ist riesengroß.
Ich bin der beste Jagdgesell;
wie ein Phantom, lautlos und schnell,
fang ich die Mäuse auf der Stell!"

„So geht es nicht", brummt nun der Bär,
„allmählich wird es mir zu dumm,
alle mäkeln an mir rum.
Ein jeder schau nur wie er ist
und kehre seinen eignen Mist.
Meine Frau, die Adelgunde
meint ja auch ich sei ein Wicht;
doch eben dieses mein ich nicht.

Dennoch will ich in mich gehn
und diese Sache recht besehn."
Er dachte hin und dachte her,
das Denken fiel ihm sichtlich schwer.
Endlich fand er dann heraus –
ein Elefant ist keine Maus;
jeder lebe nach der Art,
so, wie ihn Gott geschaffen hat!

Mariechens warme Söckchen

*Wenn Mariechen kalte Füße plagen,
muss sie nur diese Söckchen tragen.*

*Schon sind die Füßlein mollig warm,
Mariechen lächelt voller Charme.*

*Die Mutter lächelt lieb zurück,
und beide sind vereint im Glück.*

Kapitel 3

Von Mensch zu Mensch

Die beste Freundin

Die liebe Brigitte,
„Gitte" genannt,
ist die beste Freundin,
die Lea je fand.

Sie scheut keinen Regen,
keine Kälte im Land,
um zu knüpfen mit Lea
das Freundschaftsband.

Ein liebes Lächeln
umrahmt ihr Gesicht;
sie ist eine der Stillen,
verbreitet Wärme und Licht.

Wenn Leas Temperament
im Übermaß schäumt,
die Wogen zu glätten
sie niemals versäumt

und hält die Balance,
ist Gegengewicht,
dass Lea dabei
nicht verliert ihr Gesicht.

Ein fröhliches Gemüt

*Die liebe Emma singt so gern
wie ein munteres Vöglein
vor dem Herrn;*

*genießt dankbar die Tage,
die ihr sind geschenkt,
weil Gott ja im Grunde
das Leben lenkt.*

*Oft hört man Emma
fröhlich lachen,
und wenig
kann sie bange machen.*

*Sie weiß:
Mein Vater im Himmel
hält treu mir die Wacht,
darum wird jeden Tag
gesungen und gelacht.*

Meiner lieben Enkelin Anne

Liebes Ännchen, lass mich raten:
„Du gehst nicht mehr in den Kindergarten.
Wo geht denn nun mein Schätzchen hin?
Ach ja, zur Schule steht dein Sinn.

Da lernst du nun das ABC,
auch noch das Einmaleins,
und über dieses hoch hinaus
lernst du noch vieles „ei der daus"
mit deinem schlauen Köpfchen.

Nun wünsch ich dir für alle Zeit
Gottes Segen und Geleit
und viel Erfolg beim Lernen!"

Die liebe Jette

*Die wirklich nette, liebe Jette
steigt des Morgens aus dem Bette.
Sie streckt die Arme hin und her
und gähnt dabei sehr tief und schwer.*

*An Lust scheint es ihr heut zu mangeln
sich munter aus dem Bett zu hangeln.
Mit „Mathe" sie ein Traum erschreckte,
weshalb sie in der Klemme steckte.*

*Sie denkt: „Die Schule ist ein Graus,
ich bleibe lieber heut zu Haus"
und räkelt wieder sich ins Bett.
Die Mutter findet das nicht nett.*

*„Ach Jettchen, Kind, was machst du bloß,
in einer Stunde fahren wir los;
es sind doch Ferien liebes Kind,
komm schnell, zur Insel geht's geschwind!"*

*Wie weggeblasen ist der Frust
und unsre Jette springt voll Lust
aus Bett und Federn mit „Juhu",
ist reisefertig in einem Nu.*

*Die Mutter schüttelt ihren Kopf
und streichelt Jettchens blonden Schopf.*

Zum Abschied

Die Karin wird nun Studiosa,
doch sie studiert nicht Lyrik – Prosa;
die Wirtschaft bringt sie einst in Schwung,
das schafft sie glatt, ist ja noch jung.

Hat sie erfolgreich promoviert,
von Großkonzernen schon hofiert,
gedenkt sie der Kollegenschar:
Der Isa und der Julia,
der Alten mit dem grauen Haar –
wie auch noch ihr Name war?

Der Astrid, Karin, Anja, Ute,
des Oskar und des Dominik,
der Eva, unserm besten Stück.
Nun wünschen wir ihr miteinander
des Lebens allergrößtes Glück!

Eines muss man leider sagen
und auch noch kritisch hinterfragen:
So gut, wie hier die Kollegen Dein,
werden niemals mehr die anderen sein!

Geh nun Deinen Weg, Gott geht ihn mit Dir,
doch ein kleines Stück lass uns von Dir hier!

Abschied von einer Kollegin

*Wir sitzen hier in froher Runde,
doch nicht nur heiter ist die Stunde.*

*Aus unserer Mitarbeiter Mitte
verlässt uns eine mit der Bitte:*

*„Bleibt in Freundschaft mir verbunden,
so heilen auch die Abschiedswunden."*

*Sie braucht indes nicht lang zu bitten,
weil wir uns Gleiches schon gedacht*

*und haben ihr aus diesem Grunde
drei kleine Lichtlein mitgebracht.*

*So wie des Lichtes warmer Schein
soll immer unsere Freundschaft sein!*

Die Sechziger Jahre

Mit sechzig Jahren wird es schön;
es darf auch etwas langsamer gehn.
Dafür geht es durchaus präzise;
es reicht auch noch zur Expertise.

Man wird gelassen und auch weiser,
doch denke keiner, etwa leiser.
Im Gegenteil, wir sind mobil,
bewegen in der Welt noch viel.

Wir haben gelernt zu trotzen den Winden,
man kann uns nicht leicht einen Bären aufbinden
und fallen nicht gleich aus dem sicheren Tritt,
wir schauen vorwärts mit jedem Schritt.

Mit diesen Worten mache ich Mut:
Die sechziger Jahre sind wirklich gut.
So schreite mutig ins neue Jahrzehnt!
Ich wünsche Glück und Gesundheit
im großen Paket
und dass Gottes Segen mit Dir geht.

Einer Freundin zum 50. Geburtstag

*In fünfzig Jahren Sonne – Regen,
bisweilen auch ein kalter Wind,
gingst Du diesem Tag entgegen,
von Gott behütet, wie ein Kind.*

Von Statue bist Du klein,
doch wie könnt es anders sein;
Du bist „oho" wie man so sagt,
hast mutig Deinen Weg gewagt.

Zierlich setzt Du Deine Schritte,
strebst aber volle Kraft voraus;
regelst charmant und doch energisch
die Dinge in und außer Haus.

Lobend ist noch anzumerken:
„Du bist in allem einfach Spitze
und es wäre weiter schön,
dass wir uns oft wiedersehn!"

An die „Vierteljahrhundertjährige"

*Ein „Viertel Jahrhundert"
auf diesem Planeten
hast Du zugebracht
mit necken und reden.*

*Dreiviertel Jahrhundert
wünsch ich von Herzen dazu;
Dein kesses Mundwerk
komme niemals zur Ruh!*

*Es ist eine Kunst
Deine Sprache zu verstehn;
doch wenn sie verstanden,
kann man vor Lachen sich drehn.*

*Nun Schluss mit dem Schleimen
und neckischen Reimen,
mach's gut „Altes Stück",
ich wünsch Dir von Herzen
das allergrößte Glück!*

Zum Geburtstag

*Sei gegrüßt Geburtstagskind,
die Sonne strahlt,
die Luft ist lind,
um dir zu gratulieren.*

*Ich schließe mich den beiden an,
wünsch, was man Gutes wünschen kann!*

*Gott segne dich an diesem Tag.
Lass, was noch betrüben mag,
in weite Ferne rücken
und von der Gratulantenschar
im Herzen dich beglücken!*

Zum Geburtstag
- bei Regenwetter -

*Sei gegrüßt Geburtstagskind,
wenn auch heut der Regen rinnt,
so lass dich nicht verdrießen;
der Himmel lässt zu deiner Ehr'
nur Freudentränen fließen.*

*Ich schließe mich den beiden an,
wünsch, was man Gutes wünschen kann!*

*Gott segne dich an diesem Tag.
Lass, was noch betrüben mag,
in weite Ferne rücken
und von der Gratulantenschar
im Herzen dich beglücken!*

Zum Geburtstag
- im Winter -

Sei gegrüßt Geburtstagskind.
Auch wenn der Tag nicht lau und lind,
so gratulieren Frost und Wind.

Ich schließe mich den beiden an,
wünsch, was man Gutes wünschen kann!

Gott segne dich an diesem Tag.
Lass, was noch betrüben mag,
in weite Ferne rücken
und von der Gratulantenschar
im Herzen dich beglücken!

Ein neuer Mensch

*Ein neuer Mensch – ein neues Glück,
herziges Kindchen „Zuckerstück".
Wem ähnelt nun der liebe Schatz,
vielleicht der Oma,
du kleiner Spatz?*

*Nein, dieses Menschlein,
ich sag es ganz frei,
ist Vaters und Mutters Konterfei.
Es ist die Mischung der zwei Lieben,
die füreinander sich verschrieben.*

*Gottes Segen soll begleiten
die Eltern und das liebe Kind;
so lernt es froh das Leben meistern,
ob Sonne, Regen oder Wind!*

Kindermund

Deutsche Sprache - schwere Sprache

*Zu Hause ist es Heinerich,
mitunter etwas langweilig.*

*So spricht der kleine Heinerich,
zur Mutter ziemlich weinerlich:*

*„Heute will ich zur Jolanthe,
meiner lieben „Tatenpante".*

*Bei ihr ist mir nie „weilanglich";
mault und quengelt Heinerich.*

*„Ja, wir gehen zur Jolanthe,
dann freut sich deine Patentante",*

*sagt Mutter, und klein Heinerich
ist plötzlich nicht mehr weinerlich!*

Ja, aber, sowohl – als auch
Einerseits – anderseits, vielleicht

Die Freundin wartet schon so lange,
auf einen lieben Gruß.

Ja, aber heute schreib ich nicht,
so fass ich den Beschluss;
weil ich jetzt vieles andere
bei mir hier machen muss.

Nun habe ich die Qual der Wahl,
sowohl zu schreiben,
als auch das andere zu lassen.

Einerseits mahnt das Gewissen,
doch anderseits, sie hätte mir
schon eher schreiben müssen.

Vielleicht klappt es ein andermal.
Ich weiß, das klingt schon fast banal;
wie sagt man heute:
„Schaun wir mal!"

Wir legen uns nicht gerne fest,
hoffen, dass man uns in Ruhe lässt.

Kapitel 4

Lebenserfahrungen

Lebenssinn

Was ist der Sinn des Lebens?
Ach Gott, ich such vergebens.

Ich suche hier, suche auch da,
und laufe dabei stets Gefahr,
dass ich mich selbst verliere.

Doch da ich hier auf Erden bin,
hat es an sich schon einen Sinn.

Auf ewig ist es ein Gewinn,
weil ich in Gott geborgen bin.

So will ich meinen Weg hier gehen,
dankbar dem Ziel entgegensehen.

Was betrübst du dich, meine Seele.....

*Gott führt aus unerforschtem Grunde
bisweilen auch in dunkle Nacht;
hat aber zu gewisser Stunde
ein Licht der Freude angemacht.*

Wenn mich die Sorgen hart bedrückten, *
die Seele war in Angst gehüllt, **
*hab ich so manches Mal erfahren,
wie Gottes Wort sich dann erfüllt.*

*Er nahm nicht immer weg die Bürde,
half überwinden diese Hürde;
hat die Gefahr oft abgewendet,
dass es im Unglück nicht geendet.*

*Bis hierher hat er mich getragen;
dafür will ich ihm Danke sagen
und weiterhin es mit ihm wagen!*

*   1. Petrus, V.5+7
** Psalm 42, V. 6+12

Wissensmüde
- Informationsflut -

*Ich weiß zu viel, das regt mich auf -
des Wissens bin ich müde.
Ich weiß, dass ich zu wenig weiß -
und beides macht mich müde.*

*Denn Wissen fordert hohen Preis,
es ist kein Ruhekissen;
ich schalte ab, begehr nur mehr
das Nötigste zu wissen.*

*Dann will ich in die Stille lauschen,
nicht in das Weltgetriebe;
so höre ich das Flügelrauschen
von Gottes ewiger Liebe.*

Augenblicke

*Ein Blick unserer Augen
kann reden und kränken;
mit einem Blick kann man
ganz sich verschenken.*

*Wenn der Blick des Neides
den Bruder kalt streift,
sind oft Mord und Totschlag
zuvor schon gereift.
Mancher Blick setzte die Erde in Brand,
wenn Böses, sich mit Bösem verband.*

*In einem Augenblick ist zu sehen,
ob sich zwei Menschen gut verstehen.
Ein Wimpernschlag
besiegelt oft Jahre des Glücks -
kostbar ist der Zauber
dieses einen Augenblicks!*

Gedanken - wenn man älter wird

Der Weg ist kurz, das Ziel ist nah;
was früher einmal wichtig war
ist Torheit nun und Tand.
Wir gehen auf das Ende zu;
uns trennt nur eine Wand.

Sie ist so furchtbar instabil,
ein Hauch bringt sie zu Fall.
Wir gehen oder laufen schnell:
Die Wand ist überall.

So fürchten wir uns früh und spät
und bauen einen Wall,
der schon von Anfang an nicht hält;
er ist nur Rauch und Schall.

Oft hetzen wir durch diese Zeit
und fallen dabei hin;
es fehlt im Leben dann und wann
die Rast und auch der Sinn.

Wir heben unser Haupt empor,
wie dünn auch ist die Wand.
Heut fällt sie oder fällt noch nicht:
Wir sind in Gottes Hand!

Alkohol: Freund – Feind?

*Es kam ein Mensch zum Trinken
und trank zuviel, ohn' alles Maß.*

*Der Mensch begann zu sinken;
er sank hinab bis in die Gosse,
dies ist fürwahr hier keine Posse.*

*Dort wurde ihm auf einmal klar,
dass hier gewiss sein Platz nicht war.*

*Da dämmert' ihm trotz der Promille:
„Jetzt ist gefragt mein guter Wille."
Der Wille ist jedoch sehr schwach,
hier muss ein andrer helfen nach.*

*Er kann nur schrein'
„Mein Gott sieh her,
ich habe keine Kräfte mehr;
ich gab dem falschen Freund die Hand,
befreie mich von dieser Schand'.*

*Reiß Du aus mir die böse Gier,
ich weiß, ohne Dich krepier ich hier!"*

*Gott nimmt sich gern des Armen an,
zu ihm kann kommen jedermann.*

*Er schenkt ihm Rettung durch den Sohn,
der am Kreuz getragen der Sünde Lohn.*

*Durch Jesus reicht er ihm die Hand,
zieht ihn aus Sumpf auf trocknes Land.*

*Der hartgebundene ist befreit,
dankt seinem Retter allezeit!*

Der Mann mit dem Schifferklavier

Da sitzt er mit seinem Schifferklavier;
seit Mittag spielt er - jetzt ist es halb vier.
Seine Finger gleiten mechanisch nur
hinauf und hinab auf der Tastatur.

Die Gedanken fliehen weit weg von hier –
er sieht sich spielen auf einem Klavier.
Begeistert wird gerufen:
„Gebt dem Mann noch ein Bier!" *

So ging es weiter, doch nun sitzt er hier.
Sein Mantel versteckt die Flasche nicht ganz,
man kann sie noch sehen, grad oben den Hals.

Die Menschen hasten an dem Spieler vorbei;
manche geben einen Euro und manche auch zwei.
Er nickt und bedankt sich –
und spielt noch drei-vier
Akkorde auf seinem Schifferklavier.

Er sehnt sich nach Liebe, einer offenen Tür
und findet sie nicht – greift wieder zum Bier.
Jedoch hat er Brüder, denen geht's ebenso;
man sieht sich mal wieder –
auf der Straße – irgendwo......

* *Lied von Paul Kuhn*

Klima

Es ist schon seltsam mit dem Klima,
die Erde wärmt sich mächtig auf;
jedoch das Klima unter Menschen
nimmt kältemäßig seinen Lauf.

Die Meere schäumen übermächtig,
die Flüsse jagen wild daher.
Ein Teil der Menschheit lebt sehr prächtig,
bei vielen bleibt der Magen leer.
Wüsten wachsen schnell landein,
wo Kinder und die Steine schrein.

Die Armen trifft es hart auf Erden,
noch reicher will der Reiche werden.
Man lässt sich einfach nicht belehren,
es ist ein Tanz auf dem Vulkan.

Der Mensch will sich nicht mehr bekehren,
zu dem, der alles ändern kann.

Rückblick

*Antwort auf viele Fragen
bekomm ich nirgendwo;
ich muss mich drein fügen,
es ist einfach so.*

*Das lässt mich nicht ruhen,
wo wend ich mich hin,
ich rufe zu Gott:
„Erleuchte meinen Sinn!"*

*Doch erst im Himmel wird offenbar,
was hier nicht zu verstehen war.
Bei Gott war es im guten Plan,
was auch geschah im Erdenwahn.*

*Rückblickend kann ich dann nur sagen:
„Er hat mich wunderbar getragen."*

In Kürze wieder erhältlich